Bite-Size

Einstein

150

Words

Jerry Mayer
et
John P. Holms

discover

# アインシュタイン 150の言葉

BITE-SIZE EINSTEIN

JERRY MAYER & JOHN P. HOLMS

Discover

$E=mc^2$

アルバート・アインシュタインは、ご存じの通り、20世紀で最も優れた科学者です。

彼の素晴らしい想像力は、わたしたちの宇宙観をすっかり変えてしまいました。彼は、その個性、ユーモアのセンス、卓越した人間性によっても、世界的に有名でした。


また彼は、数学や物理学だけではなく、人生そのものに、飽くことのない好奇心をもっていました。

彼の、自然や世界に対する観察や意見は、洞察力と機知、知恵に満ちています。


彼の言葉を読むことで、わたしたちは自分自身をユニークな視点から見直すことができるでしょう。

彼は、わたしたちが何者なのか、そして何者になりうるのかを教えてくれているのです。

# 目　次

わたし、そして、わたしのまわりの人について …… 006
人生について …… 020
哲学、そして、人間性について …… 040
自然科学とその研究について …… 056
倫理、道徳、宗教について …… 076
学習、教育について …… 088
政治、戦争、平和について …… 098
ふたたび、わたし自身について …… 108
アインシュタインの生涯 …… 124
編集後記 …… 127

BITE-SIZE EINSTEIN
by
Jerry Mayer & John P. Holms



ブックデザイン　漆原悠一・梅﨑彩世（tento）

# I

## わたし、そして、
## わたしのまわりの人について

*On Himself and*
*Other People*

1.

わたしは天才ではありません。
ただ、人より長くひとつのこととつき合ってきただけです。

2.（姪への手紙）

エルザから聞いたんだけど、きみは、アインシュタイン叔父さんに会っていないとむくれているんだって？じゃあ、わたしがどんな人か教えてあげよう。青白い顔に長い髪、少し出始めたお腹。それに、ちょっと歩き方が不恰好だ。それから、口には葉巻（葉巻があればのことだけど）、ポケットか手にはいつもペンがある。でも、足は曲がっていないし、イボもないよ。かなりのハンサムだね。そう、酷い男によくあるように、毛むくじゃらの手もしていない。だから、確かに、私に会えなくて残念だったね。

心をこめて。

きみのアインシュタイン叔父さんより。

3.

わたしには、
特殊な才能はありません。
ただ、熱狂的な好奇心が
あるだけです。

4.

わたしにはよいアイディアが浮かびますが、他の人もそうです。

ただ、わたしの場合、幸運だったのは、そのアイディアが受け入れられたということです。

5.

わたしは、自然について少し理解していますが、人間については、ほとんどまったく理解していません。

## 6.

相対性理論では、あらゆる点に
時計があると想定しましたが、
現実においては、わたしは自分の部屋に
時計ひとつ取り付けることにも苦労します。

7.

わたしは、一日１００回は、
自分に言い聞かせます。
わたしの精神的ならびに
物質的生活は、
他者の労働の上に
成り立っているということを。

8.

今の妻が科学を理解できないのは嬉しいことです。最初の妻は理解できたんです。

*9.*

わたしの母は、だいたいにおいていい性格の持ち主ですが、姑としては、まったくの悪魔です。彼女がわれわれ夫婦と一緒にいるとき、まわりはダイナマイトでいっぱいになってしまいます。

## 10.

最も親密な家族の絆さえも習慣的な友好関係に退歩してしまうのは興味深いことです。内側の奥深いところで、もはや互いを理解できなくなったり、共感できなくなったり、互いの感情がわからなくなっています。

## 11.

わたしは、人間関係の変わりやすさがわかるようになりました。そして、冷たさや熱さから身を遠ざけることを学びました。そうすれば、温度のバランスがかなりよくとれるので。

## 12.

わたしは、あなたが女性であるということを気にしていません。しかし、大切なのは、あなた自身が気にしないことです。それには、理由などないのですから。

## 13.

あなたは、ほんとうにそう思っているんですか？
他人によって永遠の幸せが得られるなんて。

いくらその他人が最愛の男だったとしても。
わたしは、自分自身の経験から、
男というものをよく知っています。
だって、わたしもそのひとりなんですから。
男に期待しすぎてはいけません。

このことは、わたしにはよくわかっています。

14. 人は、海のようなものである。あるときは穏やかで友好的。あるときはしけて、悪意に満ちている。ここで知っておかなければならないのは、人間もほとんどが水で構成されているということです。

15. 残念ながら、ご要望にはお応えできません。わたしはまだ、分析されないままの暗闇の中にいることを望むからです。

（精神分析を受けてほしいという精神分析医からのリクエストに対して）

# II

## 人生について

*On Life*

16、人は、バッファローの大群の中に生まれる。人生を始める前に、その大群に踏みつけられなかったことを感謝しなくては。

12.

自分自身の、そして他の人々の人生に
意味を見いだせない人は、
単に不幸であるばかりでなく、
生きるのに向いていないと言えましょう。

18.

人生の風雨に堪えるというのは、どんなに奇妙なことか。晴れたとき、わたしには、自分自身が、危険が目に入らないように砂漠の砂の中に頭をつっこんだダチョウのように見えます。人は、自分だけのために小さな世界を創造します。そして、変化し続ける真の存在の偉大さと比較したら悲しいほどに無意味だというのに、自分を奇跡のように大きく重要であると感じるのです。自分で掘った穴の中に潜むもぐらのように。

19.

海は、形容しがたい壮大な姿をしています。とりわけ、日が沈む瞬間は。そんなとき、自分が自然に溶け込み、ひとつになるように感じます。そしていつも以上に、個人という存在の無意味さを感じるのです。それは幸せな気分です。

20.

蝶はもぐらではない。
でも、そのことを残念がる
蝶はいないだろう。

21.

無限なものはふたつあります。
宇宙と人間の愚かさ。
前者については、断言できませんが。

22. 不運は、幸運とは
比較にならないほど、
人間によく似合っている。

23. 人はみな、神や人類を満足させるために、ときには、愚かさの生贄にならなければならない。

24.

ああ、悲しいかな。
エゴと競争心は、
公共心と義務感より強い。

25.

われわれが正直に行動するのを許されているのは、生まれる瞬間と死ぬ瞬間だけ。

26.

人はみな同じ。

27.

人間は、孤独な存在であるのと同時に、
社会的な存在なのです。

28. 別に深く考えなくても、日常生活の中で、
わたしたちは、他の人々のために生きているということがわかるものです。

29. わたしたちはみな、他の人々の仕事によって、食べるものや家を与えられています。ですから、それに対してはきちんと報酬を支払わねばなりません。自分の内面の満足のために選んだ仕事だけではなく、人々に奉仕する仕事をすることによっても。さもなければ、どんなに欲求が質素であっても、寄生者と呼ばれるものになってしまうでしょう。

30.

常識とは、十八歳までに身につけた偏見のコレクションのことをいう。

31. 恋に落ちることは、およそ人間のなしうる最も愚かな行為だ、とは言えませんが、重力に責任を負わせることもできないでしょう。

32.

ある偶然の出来事を維持しようとする不幸な試みを結婚という。

33. 異性に心を奪われることは、大きな喜びであり、必要不可欠なことです。しかし、それが人生の中心事になってはいけません。もし、そうなったら、人は、道を見失ってしまうことでしょう。

34.

どうして、自分を責めるんですか？
他人がちゃんと必要なときに
責めてくれるんだから、いいじゃないですか。

35.

わたしは、先のことなど
考えたことがありません。
すぐに来てしまうのですから。

36. なぜ人は、仕事というものを、ひどく深刻に考えるのでしょう。不思議です。誰のために？　自分のためにでしょうか？　人はすぐに死んでしまうのに。同世代の人のため？　後世の人のため？　そうではないでしょう。やはり、わからないままです。

37. 仕事は、人生に実質をもたらす唯一のものです。とはいうものの、わたしたちの達成することなんて、石鹸の泡のようなものにすぎません。わたしたちは、みな二本足の獣で、サルの子孫なのです。

38. 動物と仲よくしなさい。そうすれば、あなたはふたたび快活になり、何事もあなたを悩ませることはできないでしょう。

39.

この諺には、真実がある。

「人に対して正しく賢明な助言をすることはできる。しかし、自分が正しく賢明に振る舞うことはむずかしい」。

40. 地球は、数十億年ほど存在してきました。
その終焉については、わたしはこう申し上げたい。

「まあ、待ってみましょう」。

41. 死はいずれやって来る。
それがいつかなんて、
どうでもいいじゃないですか。

*42.*

われわれが進もうとしている道が
正しいかどうかを、
神は前もっては教えてくれない。

# III

## 哲学、そして、
## 人間性について

*On Philosophy and Humanity*

43.

われわれはいろいろなことをするが、
なぜそうするのかは知らない。

44.

手段は完全になったというのに、肝心の目的がよくわからなくなったというのが、この時代の特徴と言えるでしょう。

45.

人は、現実に直面したとき、知性がいかに不十分であるかということをはっきりと知覚するに足るだけの知性は、与えられているものです。

## 46.

それでも、永遠なるものに関心を抱くのがいちばんいいでしょう。というのは、それのみが、人間社会に平和と平穏を回復させる精神の源だからです。

## 47.

人間とは、わたしたちが宇宙と呼ぶ全体の一部であり、時間と空間に限定された一部である。わたしたちは、自分自身を、思考を、そして感情を、他と切り離されたものとして体験する。意識についてのある種の錯覚である。

この錯覚は一種の牢獄で、個人的な欲望や最も近くにいる人々への愛情にわたしたちを縛りつけるのだ。

わたしたちの務めは、この牢獄から自らを解放することだ。それには、共感の輪を、すべての生き物と自然全体の美しさに広げなければならない。実質的に新しい思考の形を身につけなければ、人類は生き延びることができないだろう。

48.

わたしに畏敬の念を
いだかせるものはふたつ。
星がちりばめられた空と
内なる倫理的宇宙。

49. 人間性について
絶望してはいけません。
なぜなら、わたしたちは
人間なのですから。

## 50.

この世界の運命は、
この世界に値するものになる。

## 51.

客観的に判断すれば、情熱的な努力によって、人が真実からもぎとるものは、まったく無限小です。しかし、この努力は、自己という束縛からわたしたちを解放し、わたしたちを最も偉大な人々の一員にします。

52.

いかなる問題も、
それをつくりだした
同じ意識によって
解決することはできません。

53.

ドイツの諺を思い出します。

「人はみな、自分の靴のサイズで物事を計る」。

54.
偉大な人々は、常に、凡庸な人々からの
激しい抵抗にあってきました。

55.
人はみな、自らの
宇宙論をもっています。
そして、誰もが自分の理論は
正しいと言うことができます。

56. 心というものは、
ときとして知識を超えた高みに
上がることがありますが、
どうしてそこに達したのかを
証明することはできません。
すべての偉大なる発見は、
そのような飛躍を経たものです。

52.

身を切るような体験を通して、わたしたちは学びました。合理的に思考したからといって、社会生活に生じる問題がすべて解決できるわけではない、ということを。

58.

真理や知識の領域において
裁判官になろうとする者はみな、
神々の笑いによって
難破してしまうでしょう。

59.

信念は、推進力としては役に立つが、
調整器としては役に立たない。

60. 人は、住まいである惑星よりも
速く冷たくなりつつあります。

61. 精神を大切にするというのなら、
それとつながっている身体も大
切にしなければなりません。

62.

人間の真の価値は、
おもに、自己からの
解放の度合いによって決まる。

# IV

# 自然科学とその研究について

*On Science*

63.

わたしたちが体験しうる最も美しいものとは、神秘です。これが真の芸術と科学の源となります。

これを知らず、もはや不思議に思ったり、驚きを感じたりできなくなった者は、死んだも同然です。

## 64.

わたしたちは、好奇心に満ちた子どものようになってしまいます。この偉大なる神秘、わたしたちが生まれてきたこの世界の前では。

## 65.

驚異というべきは、
この地球上の、
わたしたちが生きる環境です。

66.

世界について最も理解できないことは、世界が理解できるということだ。

## 62.

われわれは何も知らない。
われわれの知識のすべては、
小学生と変わらない。

68.

深く探求すればするほど、知らなくてはならないことが見つかる。人間の命が続く限り、常にそうだろうとわたしは思う。

69.

大切なのは、
疑問をもち続けること。

70.

神聖な好奇心を失ってはいけない。

## 21.

好奇心は、それ自体に存在理由があります。
永遠や人生や実在の不思議な構造といった
神秘についてよく考えてみるなら、
畏敬の念をもたずにはいられないでしょう。
毎日、この神秘を少し理解しようと
するだけで十分です。

22. 科学の全体は、日常的な思考の精錬にほかならない。

23. 思考とは、それ自体が目的である。音楽もそうです。

24.

何も考えずに権威を敬うことは、
真実に対する最大の敵である。

25.

過去、現在、未来の区別は、
どんなに言い張っても、
単なる幻想である。

26. 空間とは、物事の単なる背景ではなく、それそのものが自律的な構造をもっているのです。

27. もし、この宇宙からすべての物質が消滅したら、時間と空間のみが残ると、かつては信じられていました。しかし、相対性理論によれば、時間と空間も、物質とともに消滅するのです。

28. 熱いストーブに１分間手を載せてみてください。まるで１時間ぐらいに感じられるでしょう。ところが、かわいい女の子といっしょに１時間座っていても、１分間ぐらいにしか感じられません。それが、相対性というものです。

## 29.

数学がしばしば他の科学を超えて特別に尊重される理由のひとつは、その法則が絶対的に正確で明白であるということだ。いっぽう、他の科学は、ある程度議論の余地はあるし、常に、新しい発見によって覆される危険にさらされている。

## 30.

数学の法則を現実に当てはめるならば、それは不確かなものになる。数学の法則が確かであるならば、それは現実に当てはまらない。

81.

数学は確かによくできている。
しかし、自然は常にわたしたちの
鼻をつかんで引きずり回す。

82. 物理学が求めているのは、観察された個々の事実を結びつけるための、最も単純な思考のシステム。

83. すべての物理学の理論は、数式は別にして、「子どもでさえも理解できるように」簡単に説明すべきである。

84. 肉体と精神はふたつの異なるものではない。同じことをふたつの異なる形で知覚するというだけのことだ。同様に、物理学と心理学も、われわれの体験を系統的な思考によって結合させようとするふたつの異なる試みに過ぎない。

85.

結果というものに
たどり着けるのは、
偏執狂だけである。

86.

目の見えない虫は、
球の表面を這っているとき、
自分が通ってきた道筋が
曲がっていることに気づかない。
わたしがそれを発見できたのは幸運だった。

87.

この世界を、個人的な願望を実現する場とせず、感嘆し、求め、観察する自由な存在としてそこに向かい合うとき、われわれは芸術と科学の領域に入る。

88.

わたしは、あまり人づきあいしませんし、家庭的でもありません。わたしは平穏に暮らしたい。わたしが知りたいのは、神がどうやってこの世界を創造したかということです。わたしは、あれやこれやの現象だの、元素のスペクトルだのに興味はありません。わたしが知りたいのは神の思考であって、その他のことは、些末なことなのです。

89.

わたしたちはいつか、
今より少しはものごとを
知っているようになるかもしれない。
しかし、自然の真の本質を
知ることは永遠にないだろう。

# V

## 倫理、道徳、
## 宗教について

*On Ethics,*
*Morality and Religion*

*90.*

道徳は、最も重要なことです。
神にとってではなく、わたしたちにとって。

## 91.

わたしのようなタイプの人間は、
道徳に純粋に人間的なものを見ます。
それは、人間にとって、最も重要なものではありますが。

## 92.

何百年以上にもわたってこの地上に生まれた少数の偉人たちのことを鼻にかけてはいけません。そんなことはわたしたちの手柄ではないのだから。そのかわり、当時、人々が彼らをどう扱ったか、彼らの教えにどう従ったのかについて思い返してみましょう。

## 93.

人間にとって最も大切な努力は、
自分の行動の中に道徳を
追求していくことです。
わたしたちの内面的なバランス、
そして、存在そのものが、
そのことにかかっています。
行動に現れる道徳だけが、
人生に美と品位をもたらします。

94. 文明人の運命は、
いよいよ、どれだけ力のある道徳を
生み出せるかにかかってきています。

95.
野望や、ただの義務感からは
本当に価値のあるものは生まれません。
それは、人や対象となる物への
愛と献身から芽生えます。

96.

わたしは、心地よさや幸福などを
人生の目的だと思ったことは一度もありません。
わたしは、これらを「豚飼いの理想」と呼んでいます。

## 92.

純粋な者が純粋さを見るところに、
豚は汚れを見る。

98.

わたしは、
かしましい美徳よりは、
静かな悪徳を好む。

99. わたしが科学研究を行うのは、自然の不思議を理解したいというおさえがたい願いからです。それ以外の感情が動機というわけではありません。わたしの、正義への愛と、人間の状態を改善することに貢献しようとする努力とは、科学に対する関心とはまったく別のものです。

100. 宗教なくして科学は不具であり、科学なくして宗教は盲目です。

101. 神の前では、われわれは平等に賢く、平等に愚かです。

102.

すべての人は、
目に見えない笛吹きの曲に合わせて踊っている。

## 103.

わたしは、生への恐れや、死への恐れ、
あるいは盲目的な信仰に基づいた
神の概念は受け入れることができません。
わたしには、人格神が存在しないと
いうことを証明することはできませんが、
かといって、わたしが神について話すのは、
嘘をつくことになってしまいます。

## 104.

わたしは、この世に生きているすべての人々との連帯を強く感じていますので、ひとりの人間がいつ生まれていつ死ぬかということには、関心がありません。

# VI

## 学習、教育について

*On Education*

105.

何かを学ぶためには、自分で体験する以上にいい方法はない。

106.

学ぶこと、そして一般的に、真実と美とを追求することは、われわれが一生涯子どもでいることを許されている活動範囲である。

107.

自分の目でものを見、
自分の心で感じる人間が
いかに少ないことか。

108. 観察したり、
理解したりする喜びは、
自然からの最大の贈りものだ。

109.

想像力は、知識よりも大切だ。
知識には限界がある。
想像力は、世界を包み込む。

110.

知識は、ふたつの形で存在する。
ひとつは、本の中に、生命のない形で。
もうひとつは、人の意識の中に、生きている形で。
後者こそがとにかく本質的なものである。
前者は、絶対必要であるように見えるが、
たいしたことはないのだ。

111、知性を神にしてはいけない。
神は強い筋肉をもっているが、
人格はもたない。

112.

知恵とは、
学校で学べるものではなく、
一生をかけて身につけるべきものです。

113.

専門的な知識を習得することではなく、自分の頭で考えたり判断したりする一般的な能力を発達させることが、いつでも第一に優先されるべきです。

114.

創造的な表現をすることと知識を得ることに喜びを感じさせることが、教師にとって最高の技術です。

115.

教えるということは、こちらが差し出したものがつらい義務ではなく貴重な贈りものだと感じられるようなことであるべきです。

# VII

## 政治、戦争、平和について

*On Politics,*
*War and Peace*

116.

寛容であるということは、
他者の行動や気持ちに無関心でいる
ということではありません。
そこには理解と共感がなければなりません。
最も大切なのは、個人に対する、
社会や国家の寛容さです。

112.

どんな政治も、
ある程度は
邪悪なものである。

## 118.

政治の指導者や政府は、その地位を、半分は武力に、半分は選挙によって維持しています。それぞれの国の中で、道徳的あるいは知的に最もすぐれた人々の代表だとみなすことはできません。

## 119.

能力と意志がある人に、いかにして権力を与えるかという古くからの問題は、どんな努力をもってしても解決することができないままです。

## 120.

初めに、わたしの政治的な信念をひとつ告白しておきましょう。それは、国家は人のために存在するのであって、国家のために人が存在するのではない、ということです。

## 121.

国家は、現代における偶像となっています。その催眠術を逃れることのできる人はほとんどいません。

## 122.

官僚政治は、あらゆる業績を抹殺してしまう。

123. 人間の邪悪な
心を変えるより、
プルトニウムの性質を
変えるほうがやさしい。

124.
羊の群の完全無欠な一員になるには、
まず、とにもかくにも、
自分自身が羊になることである。

## 125.

賞賛を集めている技術的な進歩のすべて——それは、われわれの文明そのものなのだが——は、まるで、変質的な犯罪者の手中にある斧のようなものだ。

## 126.

核連鎖反応の発見が人類の滅亡につながるわけではない。それはマッチの発明が人類の滅亡につながらないのと同じことだ。

## 127.

ローズベルト大統領に原子爆弾を造るようすすめる手紙に署名したとき、わたしは人生において大きな過ちを犯しました。しかし、いくらかは大義名分があったのです。ドイツが原子爆弾を造る危険が存在する、という。

## 128.

第三次世界大戦はどう戦われるのでしょうか。わたしにはわかりません。しかし、第四次大戦ならわかります。石と棒を使って戦われることでしょう。

## 129.

少数派が持つ唯一の防衛手段は、
消極的抵抗である。

130.

暴力が障害物を速やかに
一掃してしまうことはある。しかし、暴力そのものが創造的であると証明されたことは一度もない。

# VIII

## ふたたび、
## わたし自身について

*On Himself again*

131. この長い人生の中で、わたしは、人々からわたしが受けるに値する以上の賞賛を浴びてきました。正直にわたしの気持ちを言えば、喜びよりも恥ずかしさの方が、いつでもはるかに勝っていました。

132.

（彼のために開かれた晩餐会にて）

わたしについて、いろいろなことを話してくださって、ありがとうございます。もし、わたしがそれを事実だと思うなら、わたしは正気ではないことになるでしょう。ところが、わたしは自分が正気だと知っていますから、それを事実とは思わないのです。

133.

およそ何であれ、
人格への崇拝に関わるものは、
常にわたしにとっては苦痛でした。

## 134.

名声を得るにしたがって、
わたしは愚かになっていきました。
もちろんそれは、ありふれた現象です。
その人そのものの姿と、
他人がどうその人をとらえているか、
あるいは少なくとも、どうとらえていると
口に出しているかとの間には、
あまりにも大きな隔たりがあります。
しかし、そのすべてを機嫌よく
受け入れなければなりません。

135.

賞賛による堕落から逃れる方法はただひとつ。
仕事を続けることである。
人は、立ち止まって賞賛に耳を傾けがちであるが、
唯一なすべきは、賞賛から目をそらし、
仕事を続けること。それ以外の方法はない。

## 136.

人々が努力して手に入れようとする
陳腐なもの――所有、物質的な成功、贅沢――は、
わたしには少年時代から
卑しむべきものに思われてきました。

## 137.

わたしは誰にも何も求めないので幸せでいられます。お金もどうでもいい。勲章も、肩書も、名誉も、わたしには何の意味もありません。賞賛もほしくありません。わたしに喜びをもたらすただひとつのものは、仕事、バイオリン、ヨットを別にすれば、ともに働いた人々への感謝だけです。

## 138.

もし、わたしが物理学者にならなかったら、おそらく音楽家になっていたでしょう。わたしはよく音楽のようにものを考えます。音楽のように白昼夢を見ます。音楽用語で人生を理解します。わたしは音楽から人生のほとんどの喜びを得ています。

## 139.

ジョークについて言えることは、絵画や音楽についても言えます。論理的な企みではなく、見る人の位置によってさまざまな色にきらめく、人生の美しい断片が感じられなければなりません。もし、そういう曖昧さを脱したいのであれば、数学を始めることです。

## 140. いいジョークは、何度も言わない方がいい。

## 141.

わたしの手元には、返事を出さなかった手紙ばかりがたまっています。人々はそのことでわたしに不満を抱きます。しかし、とりつかれた人間はそうならざるを得ません。青年時代、わたしは、ここに座り込み、果てしなく思考し、計算し、奥深い秘密を解明しようとしていました。この偉大な世界と呼ばれる騒々しい世界にはしだいに興味を失い、世捨て人のようになっていったのです。

142.

わたしは、真の「孤独な旅人」です。

143.

わたしは、どんな国にも、友人たちの集団にも、家族にさえも、心から帰属したことはありません。これらと結びつくことに、常に漠然とした違和感を感じていて、自分自身の中に引きこもりたいという思いが、年とともに募っていきました。

144.

わたしは今、
孤独の中に生きています。
若者には苦痛だが、
成熟した人間にとっては、
甘美な孤独の中に。

145.

ベルリンでも、
何も変わりがありませんでした。
その前のスイスでも。
人は、生まれつき孤独なのです。

## 146.

年老いて腰が曲がった者には、死は解放としてやってきます。自分自身が年老いて、死を、最後には返さなければならぬ古い借金のようなものだと思うようになった今、つくづくそう感じます。

## 147.

わたしが何気なく口にした言葉のひとつひとつが、すばやく記録されてしまうことになろうとは、思いもよりませんでした。もし、知っていたなら、わたしは殻の奥深くへ逃げ込んでいたでしょう。

## 148.

素人がわたしの業績の意義について誇張された印象をもってしまったとしても、わたしのせいではありません。それは、通俗科学読み物の書き手や、とりわけ、あらゆることをできる限りセンセーショナルに扱う新聞記者たちのせいです。

## 149.

わたしにあるのは、ラバのような頑固さだけだ。
いや、それだけではない。嗅覚もだ。

150.

昨日は偶像視され、今日は憎まれ、
唾を吐かれ、明日には忘れ去られ、
明後日は聖人に列せられる。
唯一の救いは、ユーモアのセンスだけだ。
これは、呼吸を続ける限りは
なくさないようにしよう。

## アインシュタインの生涯

アルバート・アインシュタインは、1879年、ドイツのウルムで生まれた。少年期をミュンヘンとミラノで過ごし、1900年にチューリヒの連邦工科大学を卒業。早くから彼は、ドイツの軍事的、政治的風潮に反発を感じており、1901年、スイスに移住した。工科大学卒業後、スイスの特許局に就職、その後、理論物理学で博士号をとるため、チューリヒ大学で研究を続ける。

1905年は、彼の「奇跡の年」と言われ、「ブラウン運動の理論」「光量子仮説」「特殊相対性理論」という3つの有名な論文を発表した。これらはそれまで信じられていたニュートンの理論を揺るがせる、革命的なものだった。1911年、プラハ・ドイツ大学の教授に就任。やがて彼は世界的な名声を得て、1913年、プロイセン科学アカデミーに招かれる。1916年、「一般相対性理論」を発表。1921年、数理物理学への貢献、特に光電効果の研究によりノーベル物理学賞を受賞した。1929年には相対性理論を発展させた「統一場理論」を発表。

1933年、ヒトラーが政権につくと、米国へ移住、プリンストン高等研究所教授となり、1940年、米国市民権を得る。

彼は青年時代から徴兵制度や軍備に反対するなど、熱烈な平和主義者だったが、皮肉なことに、初期の研究は、原子力兵器の理論的可能性を示していた。また、ナチスが原子爆弾の研究を開始したため、1939年、この脅威に対抗して原子爆弾を開発することの重要性を説いた、ローズベルト大統領への手紙に署名。直接、兵器の研究開発には携わらなかったものの、彼の支持は原子爆弾を生んだマンハッタン計画の成立にとって重要な意味を持った。

戦後、彼は世界政府設立や核兵器廃絶を提言するなど、最後まで平和と共感を求めて戦い続け、1955年、プリンストンで死去した。

アインシュタインの理論は、時代の流れの中で、受け入れられたり、批判されたりしてきた。しかし、現代科学の広い分野にわたって、その基礎となっていることを否定する者はいない。最新の理論物理学においても、ブラックホールの解明に応用されている。まさに「20世紀最大の物理学者」と呼ぶにふさわしい。

写真提供：Alfred Eisenstaedt ／ Getty Images

# 編集後記

本書の原書であるBITE-SIZE EINSTEINを読んだとき、人生の真実をついた言葉の数々に、すっかり魅了されてしまいました。20世紀最大の天才といわれるアインシュタインですが、家庭、仕事、その他人生全般について、わたしたち凡人と同じように問題を抱え、悩み続けた人だったようです。そうでなければ、このように鋭い言葉が出てくるはずがありません。

本書は、原書の中でも特に選りすぐって、直接わたしたち自身の心に響き、新しいものの考え方、感じ方を示唆してくれるような言葉を翻訳・再構成してあります。
本書の初版は1997年の発売以来22年、多くの方々にご支持をいただきロングセラーとなりましたが、このたびデザインを一新し、新装版としてお届けします。さらに多くの皆さまのお役に立つことを願っております。

2019年2月
ディスカヴァー・トゥエンティワン編集部

# アインシュタイン150の言葉　新装版


発行日　2019年2月28日　第1刷

Compiler　ジェリー・メイヤー　ジョン・P・ホームズ

Book Designer　漆原悠一　梅﨑彩世（tento）

Publication　株式会社ディスカヴァー・トゥエンティワン
〒102-0093　東京都千代田区平河町
2-16-1 平河町森タワー11F
TEL　03-3237-8321（代表）
FAX　03-3237-8323
http://www.d21.co.jp

Publisher　干場弓子
Editor　藤田浩芳

Marketing Group
Staff　清水達也　小田孝文　井筒浩　千葉潤子　飯田智樹　佐藤昌幸
谷口奈緒美　古矢薫　蛯原昇　安永智洋　鍋田匠伴　榊原僚
佐竹祐哉　廣内悠理　梅本翔太　田中姫菜　橋本莉奈　川島理
庄司知世　谷中卓　小木曽礼丈　越野志絵良　佐々木玲奈　高橋雛乃

Productive
Group Staff　千葉正幸　原典宏　林秀樹　三谷祐一　大山聡子　大竹朝子
堀部直人　林拓馬　塔下太朗　松石悠　木下智尋　渡辺基志

Digital Group
Staff　松原史与志　中澤泰宏　西川なつか　伊東佑真　牧野類
倉田華　伊藤光太郎　高良彰子　佐藤淳基

Global & Public Relations
GroupStaff　郭迪　田中亜紀　杉田彰子　奥田千晶　連苑如　施華琴

Operation & Accounting Group
Group Staff　山中麻吏　小関勝則　小田木もも　池田望　福永友紀

Assistant
Staff　俵敬子　町田加奈子　丸山香織　井澤徳子　藤井多穂子　藤井かおり
葛目美枝子　伊藤香　鈴木洋子　石橋佐知子　伊藤由美　畑野衣見
井上竜之介　斎藤悠人　宮崎陽子　並木楓　三角真穂

Printing　株式会社厚徳社





ISBN978-4-7993-2441-7